AF274335

ROPA MOJADA

ROPA MOJADA

Carlos Crespo

Colección Generación del Vértice, 226

ROPA MOJADA

© Del poemario e imágenes interiores
Juan Carlos Crespo González

© Del Prólogo
Emecé Condado
Lorena Larrañaga
Sara Martín
Daniel Sánchez

© De la edición e impresión
CELYA EDITORIAL
Apdo. Postal 1.002
45080 Toledo
Tel.: 639542794
celya@editorialcelya.com
www.editorialcelya.com

Primera edición: Octubre, 2025

ISBN: 978-84-19933-27-0
D.L.: TO 257-2025

Cualquier forma de reproducción, distribución, comunicación pública o transformación de esta obra sólo puede ser realizada con la autorización de sus titulares, salvo excepción prevista por la ley. Diríjase a CEDRO (Centro Español de Derechos Reprográficos, www.cedro.org) si necesita fotocopiar, escanear o hacer copias digitales de algún fragmento de esta obra.

ESTE LIBRO NO TIENE PRÓLOGO, SIN EMBARGO...

Hace unos meses llegó a mis manos el manuscrito de *Ropa mojada*. No sabría decir si fue el momento justo o si, sencillamente, cualquier momento habría valido. El caso es que lo abrí... y algo se encendió en mi interior.

Esa voz no necesitaba alzar el tono. No llamaba la atención. Estaba ahí. Mirando, nombrando, dejando cosas en suspenso, removiéndome por dentro. Sin alardes. Con esa forma tan suya —tan difícil— de escribir lo que duele sin dramatismo, y lo que emociona sin empalago. Versos escritos con la yema de los dedos. Con cicatrices, a veces. Nada pide atención y, sin embargo, todo la merece.

Conozco a Carlos. Le tengo muchísimo cariño, sí. Pero incluso si no fuese así —de hecho, dejándolo fuera— *Ropa mojada* me parece un libro necesario. Uno de esos que no podrían haberse escrito desde otra parte que no fuese el alma.

Caminé muchos de estos poemas como si Carlos los hubiera escrito con la luz encendida de mi casa. Sigo escuchando el eco de sus versos, y es que, como la ropa tendida antes de la tormenta, *Ropa mojada* no se seca del todo: permanece todavía goteando sensaciones.

Emecé Condado

Ropa mojada no es solo un título; es una imagen que se queda adherida al cuerpo, como los poemas de Carlos, que se instalan en la piel y no se terminan de ir nunca. Carlos escribe desde un lugar donde el lenguaje no es solo una herramienta, sino también herida y abrigo. Siempre he sentido su poesía como una tensión infinita entre la fragilidad y la lucidez, entre la ternura y la intemperie.

Sus versos nunca han temido el temblor. No pretenden responder, pero sí nombrar aquello que a menudo todos, por instinto de autoprotección, evitamos: la melancolía, la pérdida, el desconcierto del tiempo que pasa, el amor que no encuentra un lugar, la memoria que nos pesa y a la vez nos sostiene. Cada poema de Carlos parece preguntarnos si es posible vivir sin renunciar a la emoción, sin traicionar la belleza. Y la respuesta siempre es la misma: No.

Conozco a Carlos y a su poesía desde hace años. Su escritura tiene la perfección de los maestros, una claridad que no simplifica, una profundidad que no se imposta. Su voz poética es honesta, directa, en muchas ocasiones brutal pero, al igual que él, jamás será cínica. Es un autor que milita y usa la poesía como arma, no teme mojarse y camina con las palabras aún goteando. Por eso nos llega tan hondo.

Vivimos en tiempos veloces, ruidosos, donde el lenguaje suele perder espesor, lo vemos constantemente. Por eso, poemarios como *Ropa mojada* resultan necesarios: porque nos obligan a detenernos, a mirar con otros ojos, a sentir sin filtros. La poesía, cuando es verdadera, no busca respuestas ni aplausos, busca resonancia. Y la poesía de Carlos Crespo, nos alcanza, nos mancha.

Aquí no hay artificio ni exhibición de virtuosismo. Hay pura conciencia, sensibilidad y una escritura que elige la grieta antes que el pedestal. Poemas que no sólo se leen, sino que se escuchan y se sienten dentro, como si alguien, muy de cerca, nos hablara en voz baja.

Agradezco inmensamente la existencia de este poemario. No solo por lo que dice, sino por lo que nos permite recordar: que el lenguaje aún puede ser un lugar para habitar la realidad sin miedo, y que escribir, en medio del ruido y del dolor, sigue siendo un acto profundamente humano.

Que al terminar de leer estas páginas, llevemos con nosotros algo de su lluvia. Que sigamos caminando, siempre, aunque sea con ropa mojada.

LORENA LARRAÑAGA

PRÓLOGO
(etimología: pro- «anterior», -logos «a la palabra»)

Estimada lectora o lector:

Esto no es un prólogo en el sentido estricto.

Esto (anterior a las palabras) es en realidad un AVISO.

¿Se puede escribir un poemario atravesado por la memoria, la justicia social, la ciudad, las calles, el amor, la esperanza, la supervivencia, las flores, el otoño, los bancos, la ventana, la tristeza y la melancolía?

Dice Carlos: «Nadie elige escribir como camino» o «hay que perder muchas batallas para escribir un poema, demasiadas».

Esta derrota, esta que tiene usted entre sus manos y frente a los ojos, es un arma contra la podredumbre actual.

Aténgase a las consecuencias.

SARA MARTÍN

Conocí a Carlos Crespo cuando aún llevaba un Juan delante y de las manos le brotaban ideas y jardines. Treinta años después nos volvimos a encontrar, él era, es, poeta y yo canto por las esquinas de los bares.

Ahora tengo entre mis manos su *Ropa mojada* y tengo que saber qué ha pasado en su vida leyendo sus poemas, e imaginar si la persona que conocí hizo al poeta que es o el poeta que es, ha hecho a la persona que conozco.

En sus poemas descubro un ser insatisfecho, demoledoramente indignado, casi triste, pero hermosamente dispuesto a vivir. Porque de eso creo que habla *Ropa mojada* de la Vida, de los tejados de Praga, de la Torre Eiffel, y de Malasaña y de sus inmensas ganas de vivir y por cierto, de su amor por ella, a la que no nombra, pero está en todas sus palabras.

DANIEL SÁNCHEZ

*Sigue abriendo los caminos,
el surco de tu destino.*

VÍCTOR JARA

El camino
es una madre extendida,
de las hojas,
la ropa mojada.

DÍAS COMO LA HIERBA

Comprendí que los días son como la hierba,
que el tiempo se encarga de segar
todo lo acontecido en ellos.
Sé lo que quieres decir
cuando me tapas los ojos,
si miro hacia atrás
no quieres que me encuentre
conmigo mismo.
Son los días,
no somos nosotros,
es ese instinto irreverente
que me impulsa
a caminar por las paredes
buscando flores entre los ladrillos.
Y si no las hay
que deje de girar el mundo,
no merece la pena,
hubiera sido maravilloso
tener alas,
juntos hubiéramos polinizado
los tejados de Praga
huyendo de los días que llegaban.
No, no tenemos alas,
tenemos memoria,
hazlo de nuevo,
coge mis heridas
y cuéntame otra vez
qué le dijiste
aquella noche al Moldava.
Si me tienes que tapar los ojos
que sea al mirar hacia delante,
comprendí lo tristes que serían
los días venideros sin alas.

CAMPO DE FLORES

Hay un campo de flores
entre la vida y yo.

Si miro hacia atrás,
la tierra se hunde
tras mis talones,
hacia delante,
                    ¡las flores son tan bellas!

La vida se esconde
en su propio horizonte,
si no caminas hasta ella
                    la pierdes.

Pido perdón
por cada flor muerta
bajo mis pies.
Pido perdón
por la tierra removida,
por el sol que ha robado
la figura orgullosa
de mi sombra.
Pido perdón
por cercenar el vuelo
de esa crisálida
que ya no será mariposa.

Pido perdón por alcanzar la vida
y querer volver a ese campo de flores.

Y LAS CERTEZAS

Tengo el sueño envuelto en una cáscara,
caprichos de la noche.
Yo debería cerrar los ojos al tacto,
al sentido, al dolor,
al viento ocasional
que produce un lírico
siseo entre las hojas del ciruelo
en el jardín
y como no lo hago,
las palabras se quedan
entre los ojos.
Nadie elige escribir como camino,
está ahí, aparece
y te adentras en él.
¿Qué otra cosa puedes hacer
si detrás tienes un barranco?
En el techo oscuro de la habitación
se encienden tus palabras:
«creo que todo esto de la escritura está sobrevalorado»,
no lo sé, no tengo respuesta,
me haces pensar.
¿Sabes?
Certeza: está sobrevalorado
el silencio, la impertinencia,
mostrarse ausente, la duda como norma,
pasear bajo la lluvia,
profanarse a sí mismo
negando la pulsión del instinto.
Otra certeza: la verdad es que
no me importa.

(...)

Será paradójico, lo asumo,
pero yo me abrazo con
cada verso que escribo,
lo demás es irrelevante
en mi maleta.
Sucederá un momento mágico,
en algún lugar una primera
hoja dará un salto al vacío
provocando el otoño.
¡Cómo no intentar escribir
ese poema!
Da igual que no le importe
a nadie,
me gusta pasar la yema
de los dedos por tus labios
antes de un beso,
también lo sé,
cursi y estúpido,
tampoco me importa,
no me busco en el sol
ni crece la hierba por mí.
Has escrito «no»
como quien deja
un enjambre frente a la puerta.
Tú, que cuando lees
mis textos brotan violetas.

–VOZ 11:34–

Una habitación puede ser un desierto,

tú quieres hacer ventanas con un poema y, así, al trasluz,

solo se lee el *rigor mortis* de los versos.

LA TIRANÍA

La tiranía,
cuando tú estás y yo no.
Los ojos llenos
de peces flotando
que solo te respiran.

Týrannos,
leía Platón la piel en el suelo.
Tiranía.
Necesitamos estar y no estamos.
¿Basta con saberse?
Si cuánto se convierte
en un cuándo sin futuro,
afligido, debajo de la almohada,
donde están las verdaderas
calles que pisa el subconsciente.

La tiranía.
El océano empedrado, inabarcable,
palparse y no encontrar
una respuesta para
llevarse a los pulmones.

Hasta mañana es una decepción.
Arbitrariedad de ti.
Despotismo de ti.
La tiranía.

AQUÍ Y AHORA

Aquí, en la tarde impuesta
se muerde el tiempo
en dos dimensiones,
se revuelve y escupe tiempo pasado,
tiempo ausente que al llegar
rasga el diafragma.

Duele, todo lo que amas duele,
es el hilo que traza los sentidos,
crece en espiral hacia el interior
sin que puedas cerrar las ventanas,
ríndete, es principio de inmanencia.
Aquí nadie elige nada,
ni siquiera el silencio,
aquí el desengaño ondula,
procesa, atavía, trepana,
aquí estás tú, y lo demás es
un cuadro desconocido de Hopper.

Dame una razón
para sacar mi lengua de tu alma,
dámela y ataré con ella
las alas de la última palabra dicha,
esa que al leerla
dobla las esquinas del corazón.
Mira cómo el agua
se abraza a la tierra seca,
así es como llego hasta ti,
en esa gota persistente
que forma el iris de la tierra
está la violeta concupiscente,
una vez abierta, no se cierra jamás.

(...)

Aquí y ahora es siempre,
es el manantial, la naturaleza
subversiva que provoca haber nacido
con un relámpago dentro.
La melancolía también se quiebra
en un punto, solo hay que encontrarlo.

CUANDO ÉRAMOS OTROS

Nos bebimos el corazón
en ese bar de palabras mal escritas,
y todo dejó de ser nuestro
—sin que lo haya sido nunca—
mientras pensábamos formas
indoloras de vivir.

Aceptamos formar parte
del reverso de un mundo caleidoscópico
que nos aterraba, en resistencia,
en perpetua huida del tiempo
sin renunciar a la rabia.

Hicimos de nuestras calles
las nubes que traen el otoño,
oxígeno del amor, el sol,
nuestro sol, era la rebeldía
de una mirada sin horizontes.

Intentamos retener en la memoria
fotografías ocres de la felicidad.
Imágenes que recordaran
los momentos de orgullo
que nos mantuvieron erguidos.

No sabíamos aún nada de nosotros,
se tarda tiempo en comprender
que no estamos vacíos,
es el mundo el que está vacío.

SI LOS MIRLOS NO CANTAN

Es cierto,
hay palabras que cavan tumbas
            y silencios
que las hacen más profundas.

Hay miradas que llegan tarde,
            son la nieve,
quiebran tu tejado con su peso.

Escucho el latido
de un mirlo en mitad de la tormenta,
enojado, la lluvia de verano
le ha robado su canto.
Escucho el dolor de la tormenta,
cae en una manta de melancolía
ante el silencio de un mirlo
de mirada honda.

Hay caricias como desiertos,
            abrasan la piel
y crean espejismos del alma.

Hay soledades que son como poetas,
            escriben versos
si los mirlos no cantan.

HIPÓTESIS/COROLARIO

Hipótesis.
El amor, el odio y la esperanza fundados en probabilidades,
    indicios o apariencias.
La ilusión como la hierba seca en verano,
pensar, suponer si me has visto,
si me has leído, si has sentido el hacha
que imaginaba Kafka rompiendo el mar helado
sobre tu pecho.
Sentir que se puede escribir en el aire
porque somos animales de palabras,
seres sin silencios.
Podar los rosales del jardín con el último verso de invierno,
esperar que entiendan lo que te duele la primavera.

Corolario.
Razonamiento perdido, juicio abandonado, consecuencia
    lógica de mi piel cuando se acerca tu piel.
Llegar a las hojas secas del parque con la naturalidad
    de quien no tiene otro camino.
Delicadeza, sutileza de un libro
viejo en la yema de los dedos,
leer el olor de los párrafos, leer para ti.
El agua del río corriendo salvaje e insumiso determinada
    por la voluntad de la montaña.
Los rosales del jardín y el irrepetible momento
    en que florezcan,
explicar que cada año es diferente al otro,
y que nunca se repite una misma flor.
Sentirse vivo y tener miedo.

DIBUJABA LA VIDA

Dibujaba la vida,
sin certezas, solo la lluvia lo era,
escribía instantes de felicidad
asumiendo que es un lugar
volátil, espejismo de espacio
entre el silencio
y la próxima parada del autobús.

Caminaba, buscaba sombras
de poemas sin acabar
en las fachadas de su edificio,
si llovía abría la boca
contra el viento
con la idea de capturar
palabras en cada gota de agua.

Sabía de nombres, de dolores,
conocía el secreto
que nos roba los días,
había aprendido a no esperar y,
como era consciente
de lo perenne de las ausencias,
entornaba las ventanas, miraba al infinito...

y dibujaba la vida, una vida de lluvia.

UNA CARTA Y UNA CONCLUSIÓN

«Creo que es mejor finalizar en un buen momento y de pie, una vida en la cual la labor intelectual significó el gozo más puro, y la libertad personal, el bien más preciado sobre la Tierra».

El 22 de febrero de 1942 Stefan Zweig y su mujer se suicidaron.

Hoy ha amanecido como un día cualquiera, no lo es, pero las flores de la hortensia siguen ahí.

El ascenso imparable del nazismo hizo que pusieran fin a sus vidas.

No se ve el sol, está en su lugar y no se deja ver, las nubes lo guardan. Tampoco sé si es por iniciativa propia o de las nubes.

Encontraron sus cuerpos abrazados en la cama. Antes de morir lo mejor que se puede hacer es abrazarse.

¡Corre, que ha ganado el hacha! ¡Ha ganado el hacha! Corre y no mires atrás, duele tanto ver cómo los árboles lo festejan.

Pienso que Stefan Zweig y su mujer no tenían hijos, nada que dejar atrás, solo miedo, miedo y desolación.

Von der Leyen tiene la muerte en la sonrisa.

Había dos vasos de veneno sobre la mesilla de noche y cuatro cartas.

Si abro los ojos se marchitará la hortensia.

Hoy Europa es un jardín de flores muertas y soles escondidos.

No hay sitio para un poeta.

REHÚSO

La vida se cubre de nubes,
si algo llueve, serán pleonasmos
sobre el verde que se imagina seco.

Hoy mi monstruo está inspirado,
ruge, ebulle, lee a Nietzsche
mientras se deja caer
como una locomotora sin frenos
por mis tripas rendidas.
Qué ironía, con Zarathustra
quería ponernos a bailar,
y yo aquí metafísico
en la sangre de mis pliegues
aceptando que aquello
que cura también mata.

Rehúso a mi propia ciudadanía,
a mi deseo mal ubicado,
a las fechas, a mi árbol,
al puente que debo cruzar,
a cortar mi brezo,
a darte mi brezo,
a derramar mi brezo
en las montañas de tu cuerpo,
a los colores desnudos,
a lamer del paisaje
ingrávido y lascivo.

A la esperanza no, porque nunca
la tuve.

Al poeta errante, malencarado y de irónico vagabundeo,
no lo sé, no depende de mí.

MALETA DE LLUVIA

Camino con una maleta de lluvia,
se abre sobre el atardecer
cuando necesitas que el agua
se confunda con las lágrimas,
parte de mí está en la lluvia,
la otra parte, ya es maleta.

Para llegar al corazón
te pueden romper las costillas,
camino sin lastimar la tierra,
sostengo el dolor con los brazos
hasta que se abre mi maleta lluvia,
entonces, el cielo nocturno se ilumina.

En soledad, escribo mi nombre
debajo de cada hoja caída,
donde está la brecha del desengaño
crecerán crisantemos, a veces,
después de una lluvia de piedras
amaneces entre versos.

Cargo la vida y cargo muerte,
cargo el olor de las flores antes de la primavera,
cargo una maleta de lluvia
forrada de mi propia piel y mis huesos.

CURIOSIDAD

Solo por curiosidad,
me gustaría saber por qué hay voces
con un hilo de seda dentro
y nunca llegan a escucharse.

Hasta qué parte de la suela
hay que lamer las botas,
tragar silencios,
clavar las rodillas
sobre una inmensa meada
de poder y sabiduría.

Solo por curiosidad,
me gustaría saber
cuál es la pistola que mata
y cuál la que salva.

Por qué se corta el árbol
si la vista no le alcanza,
se saca lustre a la penumbra,
un pensamiento es un riesgo
y el suicidio una mariposa
volando bajo el agua.

Una curiosidad más:
¿Por qué cada vez que te miras
al espejo encuentras una razón
para odiar a tus semejantes?

HUIDA

Lo primero que llega es el golpe,
el hecho,
       el silencio...

Luego el cuerpo petrificado,
agarrado a la pared,
verdugo de sí mismo.

Si pudieras huir,
¡si pudieras hacerlo en ese mismo instante!
Hazlo.
No van a permitirte la felicidad.

EL VIAJE

Viajo en un delirio constante,
viajo entre poemas de sombras chinas
que renacen cada noche.
Ancestral, fantasmal, irracional,
mi viaje es a ninguna parte
y en todas las direcciones.
Tren de delicuescencia poética
circulando salvaje
entre lo atroz y el amor.
No quiero bajar de él,
C'est la vie et c'est la mort
quiero que subáis en marcha,
atropellaros con cada verso,
provocar incendios de palabras
en vuestro escondite de paja.
Viajo en cada beso, en el dolor,
en el principio y en el fin,
sin observar la paranoia,
siendo parte de ella en ese poema
escrito pensando en ti, en nosotros.
La poesía es un delirio entre dos,
yo la escribo, tú la lees.

IMPOSIBLE

Guárdame en otro tiempo
cuando todo sea imposible.

Lo intento, inicio el movimiento
agarrado al amanecer,
hay una tela de araña
que roba las nubes,
allí quedan aisladas las palabras,
separadas del deseo
y mi intento se desvanece
como la lluvia de ti
que nunca me llega.

Imposible es una cárcel
que todo lo atrapa,
no voy a pedir una tregua
a mis propios días,
si no puedo acercar
mi boca hasta tu casa
voy a leerte las flores
de un almendro
hasta que rompan tu ventana.

Y contra todo imposible
escribiré posibilidades
en el viento con forma
de versos y sabor
a fruta prohibida.
Para comer mi propia alma,
vomitar desilusión
y saltar sobre las teclas

(...)

del piano mientras tocas
el *Nocturne* de Chopin
en los restos de nuestra piel.
Guardado en el mes de octubre,
busco lo posible entre las hojas.

RÉQUIEM

No hay atajos que permitan bordear el tiempo.
No se puede aplazar el dolor.
Estoy dentro,
todo está oscuro de nuevo.
¡Qué voy a hacer ahora que ya no estás!
No hay caminos, piedras, no hay hierba
bajo los pies.
No es posible evitar que el corazón se quede
seco del llanto.
Estoy escuchando cómo se rompe una lágrima contra el
     suelo, ¡lo estoy haciendo!
Oscuro cerebro que anochece al corazón, solo puedo mirar
     alrededor.
No quiero ver más allá de tu ausencia, no quiero ver
     que ya no estás.
Baja la cabeza, respira.
Lo estoy haciendo, te lo prometo.
Voy a saltar desde el horizonte donde nace el sol.
Voy a vomitar el amor que ya no te puedo dar.
Vendrán los recuerdos, no me importa, no pienso
     abrir la puerta.
Soy las ocho de la tarde, soy soledad, soy al que abrazan
     de pena y de miedo.
¿Escuchaste la última tormenta?, ¿tuviste miedo?
Yo no tengo miedo, son mis días, ellos lo tienen de mí.
¡Qué voy a hacer ahora que ya no estás!
Nadie sabe que todo está oscuro
y estoy dentro de nuevo.

Nadie te había dicho
que la melancolía
es un territorio en ruinas.

QUIÉN TE HABÍA DICHO

El tono de cada mañana está ahí,
siempre a tu espalda.
¡Quién te había dicho
que se puede silenciar el tiempo
cerrando los ojos!
¡Quién!
Estoy embelesado de desilusión,
así se escriben las llagas,
los perros muerden las expectativas
corriendo tras el hábito
de la sumisión,
o callan los labios que sangran.

Tienes que cuidarte, ¿has desayunado?, ¿has encontrado el
amor que te he dejado esta mañana?, ¿tienes miedo? ¿Has
abierto la ventana con un verso en la lengua? Espérame,
escucha la raíz de mi tono.

Sé lo que me ha pasado,
tengo la incertidumbre en la sangre
y ha perdido su curso.
A base de sembrar voluntades
pierde noviembre sus días
sobre una fecha líquida.

¡Quién te había dicho
que crece la hierba enamorada
y la lluvia cae de placer,
que el único tono que espero
se lo han llevado mis venas!
¡Quién!

A DAY IN THE LIFE

Amanece como una canción de The Beatles. Amanece un cielo con pinturas de madera, infantil y puro. Un día, un camino, vivir para caminar en la dirección que marcan las agujas del reloj.

Abejas, mariposas, las palabras que te dije anoche, polinizan las flores del jardín. Este año tampoco ha dado frutas el ciruelo, solo le crecen colibríes, que yo no sé si lo que cantan es tristeza o decepción. Habla el viento de una primavera malhumorada y he decidido no escuchar, para qué, llega un momento en el que no necesitas más palabras. Hay silencios que alimentan, igual que los hay que envenenan, solo el corazón sabe de estos misterios. No necesito escuchar que la vida es una partida de dados que no has pedido jugar, ya he perdido demasiadas veces como para tenerlo asumido. Tampoco un buen consejo que sea bálsamo de mi propio fuego, soy un tipo de alma incendiaria. Hay que perder muchas batallas para escribir un poema, demasiadas. Tantas como para que sea imposible apagar las calderas de tu pecho. Solo así, es posible entender un amanecer como una canción de los Beatles. *A day in the life.*

NO HABLAR

No hablar de la realidad,
no hablar
       de nada.
Yo, el pico; tú, la pala;
nosotros,
       la trinchera.
Hoy has llegado tan profundo
hasta mi miedo
que te has asustado
al encontrar el tuyo.

CAFÉ EN UNA CALLE DE MALASAÑA

Sentado delante de un café,
o detrás, quién lo sabe,
la calle al otro lado de la ventana,
calle de invierno, de grises,
de fríos recuerdos como sus aceras,
de años pasados, caídos,
siempre con un «quizá»
guardado en el pensamiento.
Las manos frías, buscando
—como flores— un tiempo
ya gastado que queda tan
lejos como la esperanza.
Buscando soles de bronce
con un mapa escrito en el
reflejo de su luz, espejismo
de un futuro, entelequia
de un poeta delante de su café,
o detrás, que aún no lo sé.
Un periódico sobre la mesa
que no quiero abrir, ruidos,
alrededor, como una música
de réquiem que te alcanza,
las tazas que se besan sobre
la mesa cuando nadie las mira,
un buenos días que termina
recorriendo el techo desesperado
en busca de una respuesta,
el baile de las sillas, de los años,
del deseo buscando escapar
entre las piernas de una mesa cualquiera.

(...)

Así es la mañana, así,
como lo es el invierno que
reparte justicia helando
cada calle de esta Malasaña
reventada de olvido y desamor,
y yo la miro desde la ventana
de un café que ya no existe,
nada existe, excepto lo escrito,
¿Y qué puedo hacer? Nada,
es lo hacen los vencidos.
El café se ha quedado frío,
es tan triste un café cuando
está frío...
Hora de irse, queda un café
abandonado sobre la mesa,
o puede que sea yo el abandonado,
no lo sé, la respuesta,
la tiene un poema escrito
en una servilleta que el viento
hace volar cuando abro la puerta.

TARDE DE DOMINGO

El tiempo lo ha logrado,
somos un mismo paso.

Mientras camino, mientras caminamos, escucho aquello que dicen las esquinas, más tarde te hablaré de ello, ahora tu mirada cuelga pinturas en los edificios modernistas que tanto te gustan. De vez en cuando señalas esa cúpula en las alturas que te sorprende, me sacas de mi poema caminante con tus descripciones. Hablas sobre la arquitectura del amor y siento que estas aceras que pisamos desaparecerán al volver casa.

Todo será olvido y, mientras tanto,
andar despacio y besar lento.

He descubierto el secreto de la ciudad, nadie hace caso a un poeta, sin embargo, yo lo sé, de cada calle principal nace un atardecer, escapando de las avenidas están los rincones que cimbrean el alma. En esas calles seguimos construyendo nuestro tiempo, será destruido después de cada palpitación, un susurro descompuesto que simulamos no haber escuchado y, aún así, seguiremos metiendo los labios en el aire.

La memoria es una casa abandonada,
cierra puertas, como cierra palabras.

Llueven horas perdidas sobre el Madrid de los gatos negros, buscamos un cobijo apenas existente bajo el ala de los edificios que ríen nuestro lírico correr. El roce exacto y preciso con la pared me recuerda que somos piel de calle. Nuestra necesidad pinta un vetusto café junto al próximo portal, descubro las gotas de agua como perlas sobre tus labios, murmuro tu nombre, me miras imprecisa y solo puedo decir que no necesito motivos para nombrarte.

AQUELLA FOTOGRAFÍA

Veinticinco años de una fotografía. Son tantos...

Todo me parece tanto últimamente. Veinticinco años y te recuerdo en el balcón del hotel con una nitidez impropia. Solo tú podrías quebrar la física de las cosas, tú que has caminado sobre partes de mi existencia que desconozco. Yo te hablaba ese día de este mundo ajeno que nos miraba al revés haciéndonos sentir bocabajo.

Ya había aprendido a hablar sin saber si me escuchabas y tú entendiste pronto que no hablaba para ser escuchado, hablo para que nada crezca en mi interior. Sin embargo, creces ahí, donde no hay nada fértil, no has dejado de hacerlo, veinticinco años.

De la fotografía solo quedó un retrato, ¡qué habrá sido de ella!, el misterio de los cajones seguro que lo sabe.

También tus palabras, —Miremos nosotros el mundo al revés, creemos el desconcierto— y así lo hiciste, así lo hacemos.

Yo te miraba, la Torre Eiffel también lo hacía, ambos rendidos al sendero abierto que se ofrecía de tu boca al cuello, huesos y hierros estremecidos en una mañana de París.

Veinticinco años. Ya no sabemos qué está bocabajo, el mundo, nosotros. Tampoco nos importa.

Veinticinco años son piel, verdad, amor de dolor y dolor de amor.

Escribo estas letras, a veinticinco años de aquel día en que tu mirada hizo dudar a la Torre Eiffel de sí misma.

SOMOS

Somos un largo verso de Cioran
haciendo cola en el supermercado,
sumisos   ,   asustados.

Somos el silencio
en la ciudad que habla,
aquí los gatos se escriben
poemas para maullar al infortunio
desde lo alto de un cubo de basura.
El viento encendido,
orgulloso y combativo,
es el último indignado
que habita las plazas.
Se escucha al metro
llorar entre estaciones
soñando con volar algún
día junto a los pájaros.

Somos la vida apagada por deserción,
sin imágenes en nuestro espejo,
errados   ,   vacíos.

Y nos contemplan con espanto
las aceras renegando
de nuestros pasos sin huella.
Se desean las farolas
en esa distancia constante
que solo acorta su luz,
como los árboles, los bancos,
la experiencia y la lealtad
impregnada en las paredes
con la dignidad de la historia,

(...)

las fuentes de cada plaza
que no encuentran sueños
donde volcar su agua.

Somos un cuadro mal pintado,
la letra sin la música.
De Madrid   ,   a la ecpatía.

LA VENTANA

Tiene mi frente la ventana, tiene la mirada, el miedo y el odio —uno junto al otro—. Tiene la calle al otro lado, ¿la vida? No lo sé. Ya no sé lo que es la vida. Abrirse como una flor es el principio de la muerte. Entre el principio y el final, ahí está la miel, el tacto, el amor envuelto en papel de periódico, pájaros rojos sin rumbo, el llanto (con su eco infinito), la desilusión al final de la cuesta, el beso de nube a hierro, el olor, porque será lo último que recuerde de ti. También las fotografías, sobre todo fotografías para confirmar que todo lo que hemos visto es real, estaba ahí y, aún con la tiranía de la brevedad, he sido parte de ello.

Tiene la ventana las palabras justas para escribir un libro, asoma el musgo en las esquinas, recojo las frases antes de que la humedad las pudra, mientras escribo la duda duele. Que no, que no sé lo que es la vida.

LA ESPERA

Espero el tren con un libro
entre las manos,
con una paloma negra
que arrulla recuerdos
entre las manos,
con el deseo de tu tacto
encendido entre las manos.

Espero con las hojas amarillas
cayendo de mis ojos,
con un camino revirado
que pierde horizontes
y memoria en los ojos,
con la aurora boreal
que provoca tu lengua en mis ojos.

Espero sin destino
mientras se escapan los trenes,
entre las manos, mis ojos,
frente a mis ojos, las manos,
entre la vida, la espera.

APRENDIDO EN EL BARRIO

Por la calle negra fumábamos la infancia,
se rinde el viento bajo tu balcón,
se rinde, tú no estabas y yo aprendí a
sucumbir mi niñez.

Tienes que tocar el suelo
para saber de qué material
estás hecho. De piedra la mano,
de asfalto los pulmones.
Escribe, escribe un poema
mientras ruedas por ese suelo,
adoquín y versos, de techumbre
la conciencia roja y negra
de sangrar derrotas.
He nacido con mi epitafio
ya escrito, he nacido con mis calles
vestidas de noche.

Por la acera huye la piel siempre cuesta arriba,
barrio bajo, barrio hondo de penas,
alto de orgullo, las nubes
son alondras de heroína.

Tantas veces caídos
antes de iniciar el vuelo,
somos lengua de perro en
cada esquina, un jarrón
de memoria resquebrajado al frío,
sí, memoria, ¿lo recuerdas?
Nos hicieron aprender la
sucesión de Fibonacci aplicada
a la decepción, lo hicimos,
también aprendimos que dos por tres
es odio y, a día de hoy,
no lo he olvidado.

SOBRE LA MESA

Sobre la mesa languidece
un poema sin acabar,
una cerveza que busca
complicidad con tu café,
melancólico ronroneo de
olor y frontera del deseo.

Sobre la mesa vuelan tus manos
dirigiendo la orquesta
de tus palabras hacia mí,
una servilleta vestida de bailarina
esperando ejecutar sobre unos labios
La consagración de la primavera.
La Plaza del Dos de Mayo
encalada de vergüenza
hasta el tesón de sus tejados,
sombrea un árbol contra otro
si las nubes —misteriosas, góticas—
se envuelven entre sí.
No importa, nada hay
que no esté sobre la mesa,
el tiempo destejido, la necesidad,
un futuro de cuello vuelto,
la casa-útero donde cada beso
era una semilla de cereza.

Sobre la mesa muere este poema,
tu vaso y el mío no se encontraron,
y yo te persigo calle abajo
de igual forma
que se persigue a las mariposas.

A un tiempo, o a su eco,
solo se le escriben
poemas de vacíos líricos.

EL ACUERDO

El acuerdo es que todo ahora,
presente, en el segundo anterior
al siguiente hecho,
con el pie en alto
antes de tocar el suelo
y fijar el próximo destino,
tanto lo que ha pasado
como lo que está por pasar.
El acuerdo es subir las escaleras
de la memoria sin miedo,
sé que arriba está lloviendo,
voy a sentir vértigo
cuanto más lejos esté de la puerta
y más cerca de la ventana,
con la luz jugando a acariciar
los rincones de mi melancolía,
el sonido del viento conjugando
verbos que he dejado de sentir.
Que sí, lo sé, que el destino es sortilegio,
la verdad un trampantojo,
que cada noche cubre
la piel que levanta el día.
El acuerdo es la experiencia
en las tripas, el dolor en los huesos,
que la mirada, no las manos,
aunque solo sea la mirada,
encuentre alguna vez en el horizonte
algo de esperanza tras el sol.
Aprendiendo que la soledad
tiene colores y el amor pinta grises,
descubriendo que no es necesario

(...)

un espejo para verse,
asumiendo silencios, esquinas
a ninguna parte, los pliegues
del deseo nunca alcanzado,
que el alma tiene escombreras
y la sangre afluentes muertos
en cada desierto de la conciencia.
Así, cada lluvia hoy sea
manantial de conocimiento mañana.
Porque ese es el acuerdo,
hasta que lleguemos al último
halo del sentido que nos descubre
el secreto inmisericorde,
la vida es un manto de tiempo
que no respeta acuerdo alguno.

DE CIELOS SIN ESTRELLAS

He visto caer el cielo
entre las calles de Malasaña,

sin estrellas]

El olor a tabaco de tu boca
sanando mi labio partido,

otra vez]

Prometer morir antes de los treinta
bailando *Going Underground* eternamente,
asumir que habíamos perdido la batalla
y escupir el odio como respuesta.
André Bretón por las paredes,
la música de la última botella
estallando contra el suelo,
un último sueño sin cumplir
en las escaleras del metro.

La nostalgia se hizo persistente
y nos acostumbramos a vestir el desencanto,

vencidos]
Sobre ese cielo caído aprendí a caminar,
no tendrá ninguna maldita estrella, no importa,
la vida ya no es sueño,

es oscuridad]

CAMINAMOS

Caminamos.
Tú delante, yo unos metros atrás.
Tú la hierba fresca, yo el árbol balanceado por el viento.
Caminamos.
Somos un bosque incendiado, oscurecido por los días, iluminado por tu sonrisa. Si hay lluvia que cale hondo, si hay brisa que abrace fuerte.
Caminamos.
Tú buscas la mirada perdida entre el juego de luz que regala el sol, yo busco versos que solo encuentro en las flores de la escila.
Tú en un coqueto zigzag obligada por ese nihilismo que carga el corazón por convencimiento, yo en círculos excéntricos de un existencialismo por condición. Caminamos.
Nada queda atrás, nada existe delante, somos los pasos, el bosque y el camino.
Somos dos que hace tiempo caminamos.

PIEL DE OTOÑO

Ella tenía un gato que escribía poemas,
dos jilgueros maestros del violín
y una mariposa que dejaba sombras
en forma de corazón en las cortinas.

Ella tenía la vida gastada,
tantos agujeros en el pecho como días perdidos
y un dolor por cada una
de las veinticuatro horas que la acompañaban.

Como no se pierde lo que no se ha tenido,
no añoraba la esperanza, tampoco el deseo.
Sin embargo, llegaba finales de septiembre
y sus ojos, como las hojas del fresno,
se cubrían de amarillo, su boca,
era la orquesta de los tiempos y despertaba el delirio
de un recuerdo con un poeta triste,
que le escribía versos de otoño
sentados en su banco entre los árboles del parque.

Ella era de piel de otoño, ojos húmedos y de besos
con sabor a añoranza.

TREINTA AÑOS

«*A police car and a screaming siren...*». La música de *That's Entertainment* se deja escuchar cada vez que se abre la puerta del local. Apoyados en ambos lados de la entrada tarareando su letra no dejamos de mirarnos. No entramos. Yo te miro buscando profundidades, tú lo haces atravesando mi silencio, mis secretos, la desilusión de solo veinte años de vida. Tu mirada es negra, no es la noche, es tu mirada. Es la melancolía de escuchar frente a ti a The Jam y sentir que estamos en un mundo que no es mi mundo, tal vez tampoco el tuyo. No lo sé, no voy a preguntártelo, si avanzo hacia ti solo deseo morder tu boca. Si muerdo tu boca, tú harás lo propio con mi corazón, después la noche morderá nuestra ilusión, mejor no hacerlo.

Pasan los minutos, llega la realidad, tú la esperabas. La realidad te besa, te agarra del brazo y entráis juntos en el local. La realidad está contigo, te tiene, antes de entrar giras la cabeza en una última mirada que curva el tiempo. La realidad me ha robado tu presencia, en venganza, yo he robado tu mirada.

Treinta años después, la misma puerta sigue ahí. Ya no hay nada más, es la puerta a otro mundo, a un tiempo barrido, difuminado. No hay música, no hay corazones negros escuchando a The Jam, no hay miradas buscando refugio, huyendo de sí mismas. Treinta años después solo hay un mal poeta apoyado en la puerta con una lata de cerveza en la mano. Y un pensamiento. No ha estado mal, he llegado treinta años más lejos.

Me alejo del lugar recordando una canción de The Jam, *That's Entertainment*.

«*A baby wailiny, a stray dog howling*».

CÓMO TE VEO, PRIMAVERA

Te veo pálida primavera,
apareces violenta a media semana
y te haces mustia con los días.

No me importa,
hace tanto tiempo que he renunciado a ti...

Te veo Clitemnestra de día alcanzada
por Orestes al anochecer.
Cada flor es una duda,
cada lluvia, una renuncia.

No hay una calle con dos olvidos
ni una primavera sin orquesta.

Te veo en el fondo del vaso
y no quiero verte allí,
el fondo del vaso es mío,
el fondo del todo es mi poema.

Lo he descubierto primavera,
dejas tu primer verdor, como tu primer engaño.

UN DÍA DE UNA SEMANA CUALQUIERA

He tomado luz de la última farola
antes de llegar a casa,
supongo que lo hago para evitar
que me encuentres en la
pluralidad de mi frío.
Entraré pausado,
procurando expulsar la calle de la boca
previo a ese primer beso, a las primeras palabras
puestas sobre la balanza.
Te mentiré, te diré que he cenado
algo, el estómago hoy es
una pelea de perros,
buscarás esa mentira en mis ojos,
la encontrarás, yo no,
no busco las tuyas, son como las hortensias de nuestro jardín,
cubren el espacio.
Cada minuto se hará cristal
y estallará al llegar al suelo,
será el momento de permitirse
no decir nada,
hay un divertículo ahí afuera
llamado mundo que gira
contrario al sentido de la dignidad,
acontecen en él sucesos que llaman vida, ahí afuera,
lo prometo.
Y como todo lo dicho
ya no queremos decirlo más
solo queda follar con rabia,
llegar al orgasmo con ganas
de llorar,
procurando que no te des cuenta.

(...)

Cerrar los ojos juntos,
recordar ese atardecer en Praga
en el que nos atamos a esta vida,
y esperar,
no amanecemos como una promesa,
lo hacemos como líneas torcidas
en el horizonte.

EXPIACIÓN POÉTICA

Como partir un adiós,
    como escuchar laberintos,
        rumiar la tierra, alar el sol,
caer de la estantería un olvido.

Como la simetría
    en las gotas de lluvia,
        la perfección en el dolor,
la caja abierta sin nada dentro.

Como el rompiente
    de un mar rendido,
        implorar a una luz apagada,
susurrar viento a una montaña.

Como un tejado
    plagado de recuerdos,
        saberse piel, añorarse alma,
lo que en la vida es solo candor.

Como si la verdad
    tuviera sabor a quemado.
        Como si pudieran decirse
dos «te quiero» de igual intensidad.

INTOLERABLES

Está prohibido ser yo,
solo contigo soy tolerable,
a los ojos, a las palabras, a los cielos rasos.
¿Cómo vas a ser edificio si no tienes
alma de ladrillo?
La opinión de las hormigas
cuenta al ser pisadas
¡Para eso existe el pie!
Para ser lamido después
de cada ejecución.
Amar como te amo,
al galope de un caballo salvaje,
lanzando los sentidos en un cometa
solo de ida,
es un sendero de barbarie.
La opinión/excreción de los
demás cuenta, no son hormigas,
solo desean ser pie,
y a mí se me pone la espalda de erizo
y la rabia de poeta
cuando llega la pisada social
a enterrarme en la arena,
y como lanzo una micción infinita
sobre vuestro insoportable
«cielo estrellado y ojos de la luna»
vuelvo a ser piedra
en el fondo del río.
Llegamos a casa tiznados de
amarillo muerto, su amarillo,
a solas, el amor es como morder ciruelas
y que escape el agua con deseo
por los desfiladeros del cuerpo.
Sonreímos, somos intolerables.

CUMPLEAÑOS

Cumples años,
                    te disipas,
los cumples,
                    algo deserta
de ti.

El tiempo está urdiendo
alegrías y tristezas sin contar
contigo.

La felicidad se vuelve equilibrista.

Un año,
            la luz abierta.
La travesía,
                    el día sin el día.

Un beso que crea un idioma en la boca.

Cumples años.

Carlos Crespo

RAYO DE SOL

Un rayo de sol señala una fila de hormigas en un arce. Es una mirada mitológica, me traslada a la metamorfosis de Ovidio imaginando el nacimiento de los mirmidones. Las hormigas convirtiéndose en seres humanos al caer del árbol, sin posibilidad de elección. Me gustaría decirles que no será fácil, probablemente saldrán perdiendo con la fabulosa conversión. Nada cambiará, humano pisa a hormiga con la misma cadencia, que humano pisa a humano.

Un rayo de sol y no eres tú. Estás a mi izquierda con las piernas flexionadas sobre el banco. Vence el cielo tu cabeza que empuja hacia atrás haciendo de tu pelo mi bandera. Las mañanas son nuestras, por obligación, nos ha vuelto a morder la vida, esta vez solo ha clavado los dientes sin llevarse nada. En ocasiones miras mi silencio, buscas el tejido de mis pensamientos, es cierto, si me roban la rutina te preocupan mis nubes grises.

¿Qué traición de la naturaleza relegaría a las hormigas a la forma humana?

No me contestas con la voz, sabes que escucho tus ojos.

—¿Sabes? —vuelvo a decirte— Egeo le pidió a Zeus que repoblara su isla y las hormigas se convirtieron en personas. Ven, pasea conmigo por nuestra isla de Egina y te lo enseñaré.

De nuevo las manos juntas, paseamos.

TARDE CON UN POEMA DE GUILLÉN

¿Habrá un fin al saber?
Nunca, nunca. Se está siempre al principio
de una curiosidad inextinguible. Frente a
la vida definitiva.

JORGE GUILLÉN

Te quedas en las palabras
maniatado a un jodido poema
cuando tú querrías atravesar la pared.

¿Cómo salir de tu propio
cerebro sin que se enteren los huesos?

Hemos aprendido miserias
creyendo saberlo todo,
no podríamos saber así, que todo
podía ser de otra manera.

Una respuesta debe ser el desfiladero por donde
cae el orgullo.

La desesperación habita
en tres dimensiones,
entiéndete con ella,
no dibujes puertas en tu piel.

Hoy he sentido áspera la tarde y suave un poema
de Guillén.

RATA Y ÁRBOL

Mírate al espejo,
hazlo en esa mirada aterrada
que cuelga dos serpientes
en el nicho de los ojos,
¿te das cuenta?
Tienes un nido de ratas
dentro de ti,
y te asustas,
sabes que eres cada una de ellas
royendo y defecando
amor y odio.
Tú, que te creías
más bello y puro
que la propia naturaleza,
te encuentras miomorfo,
huidizo, eres tu propio suelo
y te arrastras sobre ti.
Te dejas ir traslúcido,
tampoco sirve de nada,
toda verdad que alejas
avanza hacia tus
propias profundidades.
Atreverse,
ese es el secreto,
hacer térmica la mirada
porque toda explosión
es luz y la luz es vida,
eso que siempre has pensado
lo descubres cierto,
sucede, tu vientre brota,
también tienes una primavera

(...)

dentro que crece perpendicular
al destino, viste y desviste
sus colores, y tú sin saberlo.
Busca, también eres árbol,
corre más que tus ratas, imbécil,
aprovecha, ellas pierden
el tiempo en tu basura,
se están comiendo lo que
creen los demás de ti.
¿Cuándo fue la última vez
que palpaste el amor en tus costillas?
No tienes que esperar al sol,
viento, lluvia, alimento,
tierra, ¡qué más da!
No es tu lugar
y no vas a vivir con la realidad,
tampoco te van a robar el dolor,
lamiendo la sal de los días
aprendiste a escribir
la palabra con espinas,
nadie habla igual que un espejo.
Eres rata y eres árbol.

LUNES 00,15

No vas escribir nada,
las palabras saben de tu cuerpo más que nadie,
no basta con Paul Éluard,
Il y a toujours un rêve qui veille.
Sí, sueños,
sin embargo, tu caos es un factor
que modifica todo lo demás.
Y podrás masticar rabia,
palpitar miedos
o esconderte detrás de una falsa
desesperanza, cuando no has creído jamás
    en esperanza alguna.
Las noches suceden sin sueños
y las palabras llevan dentro de sí
la vida que me acontece,
los días se han destejido
y no lo he visto venir,
fiel a mi propia experiencia
y sometido a mi naturaleza
de la catástrofe,
me dejo en la espera,
ahora que no tengo palabras
lo que me sobra es tiempo.

Y como no supe decirte de las nubes negras,
volaba tomando las palabras,
derramando poemas en el nido de mi vida,
tus manos.

Carlos Crespo

DESDE LA HABITACIÓN DE UN HOSPITAL

Desde la ventana de la habitación, encuentro un color en las nubes que se parece a ti. Es como si John Constable pintara tu retrato en el cielo limpio de agosto. Lo pienso y enseguida me avergüenzo de lo pensado, no quiero caerme desde lo alto de esas nubes. Los poetas aman los colores imposibles y, aquí, desde la habitación de un hospital, todo me parece imposible. Tengo un camino en el cuerpo que ha equivocado el sentido, me deja tierra donde debería de haber ríos, me deja palabras prohibidas que gastan sangre confundiendo el curso de su música. Todo sucede y el color de las nubes sigue ahí, empeñado en entregarme algo por lo que merezca la pena seguir mirando desde la ventana de la habitación. Pienso en las nubes como sirenas en el mar; sin embargo, detrás de las nubes y su color místico está el sol. Intento fijar la mirada en él, si lo consigo, encontraré días por los que merezca la pena romper el cristal. Tus días, son días de nubes y sirenas, cierro los ojos y viajo hacia ellos.

TE HE CONTADO

Hemos hecho sin quererlo un rincón para la sed en tus ojos, beberte en tu mirada.

Te he contado al llegar a casa que un anciano me ha preguntado por qué escribo poesía.
Te he contado que hoy el parque me parecía indefenso.

No lo sé, qué iba a contestarle.

Escribo poesía de la misma forma que se entra en la llanura.
Mire usted, yo escribo igual que aquella gente en blanco y negro que se hacía unas alas de tela y saltaba desde lo alto de un edificio para intentar volar.
Escribo en un sinsentido.
Un poema es el pecho jugando a la ruleta rusa.
Imagínese, el árbol haciendo de ahorcado, el azogue saliendo del cristal, una mariposa en el supermercado buscando humanidad.
Tal vez el ocaso necesita un marco y de ahí surgió un poema, quién sabe.
Cuando el cielo es ceniza,
un poema es el teseracto perfecto donde ser más allá de cualquier dimensión.

La edad hace vidrio, eso me ha contestado él.

Sin quererlo, echo cartas en tu buzón, me esperas para leerlas juntos, te cuento ríos y tú hablas cauces.

Te he contado que no lo sé. Solo eso.

TIEMPOS ABRUPTOS

Aparece la mañana confundida,
último día de verano
y el cielo despierta con una manta
de cristal azul que no sabe
si resquebrajarse o morir.
Cada peldaño del metro
guarda cientos de secretos
dejados allí camino a
otro día, otro momento.
Antes de las nubes
aparecen las hojas de un castaño,
y antes de las hojas
se escuchan las palabras,
son de la misma opacidad
que los viejos tejados del barrio
cargados de cicatrices.
Tiempos abruptos,
donde la verdad solo la encuentras
en las hojas de un árbol.

VOLVER

Mirar la pared como
si dispararas sobre ella,
pensar en un poema de cuello blanco.

Buscarme una mañana
en mi infancia
y descubrir que ya no existo.

Si te cambian las aceras
te han robado la historia,
si en cada ladrillo ha muerto un beso
muere la vida para vivir
de otra forma, con el viento muerto
y la lluvia seca.
Yo nunca estuve en la oración
correcta, ahora tampoco,
dónde está la causa
que vigilaba los colores,
solo queda espuma en el recuerdo
y orgullo en una chimenea
más inalcanzable que antaño.

Con la edad enviuda el alma,
felicidad de pecho sucio
y lengua cuarteada.

Hoy de una piel
he sacado un poema,
de mi barrio, solo los árboles.

VERSOS DE BAR

La palabra tiene un sonido diferente,
incluso cuando la escribo
furtivo en la mesa de este
bar cosmogónico de orígenes
y fracasos.

Escribir es hacerse caer,
la literatura de los escombros
es el último recurso que queda.
Quien ha dividido la sombra
no tiene retorno ni lo busca.
O estás loco o estás entre locos,
saca la tinta de tu piel
y no intentes vencer
con la realidad, está podrida,
su norte es un racimo de mierda.

La ciudad parece un viejo verso
tras el cristal, olvidado,
de aquellos que ya nadie lee.
Si el universo escribe harapos
qué podemos hacer nosotros,
dejar que crujan las hojas al pisarlas
mientras me entrego
a la última certeza.

Tu beso con olor a tierra es mi única mitología.

INTROVERTIDO

Entender un mar sin orillas,
          el significado no encuentra palabras
y así no puedo construirte primaveras
          derramando la codicia de mis dedos.

              Asúmelo,
              introvertido:
              las letras
              sangran
              cuando hablan
              de ti.
              Lo has escrito
              de camino
              a una noche
              en vela.

Bienaventurados los livianos de vísceras,
          conformes, asustados y sumisos
ante la cruel liturgia física
          del tiempo cubriendo de surcos la vida.

              Escribir
              una culpa
              con los dientes
              clavados
              en el deseo.
              Epitafio
              de un árbol
              con las raíces
              sembradas
              de heroína.

                                        (...)

¿Cómo puedo construirte primaveras
        si los pétalos de la calle escapan de mí?
El amor no es un lenguaje hablado
        y yo solo sé hacer incendios con un poema.

Introvertido.

LOS QUE LLORAN AL DESPERTAR

El círculo perfecto del café dentro de la taza
me resulta un compendio de lo sicalíptico.
No pintes tu —¿por qué?—
en este verso, si lo haces
será asesinada una flor al atardecer.

He visto en la cafetería
a un recuerdo apoyado con
la frente en la pared, nos hemos reconocido,
y nos ha dolido tanto
que hemos hecho como
si no nos conociéramos.

Madrid está cubierto de sombras
húmedas, enmohecidas,
portan resignados su felicidad
bufonesca en bolsas de Zara,
I don't wanna holidays in the Sun
balbuceaba *Johnny Rotten* por cada
parque de la ciudad extinguida.

Solo nos queda flotar en el techo,
equilibrismo emocional de los restos
mal escritos de la historia.
Para ellos todo va bien,
pero solo la poesía sabe
por qué los viejos lloran al despertar.

CALLAR

Decir algo
   no es pronunciar palabras.

No solo el amor es la causa
que hace lamentar la existencia
del fondo en el océano.
La forma que garabatean
felicidad y tristeza en cada
crepúsculo es una venganza
contra el deseo de inmersión en lo infinito.

¡Ahórquenos a Cioran con su propio infortunio!

El cuerpo no tiene fronteras,
las vence el tiempo y eso
nos cuesta la muerte, lo sabemos,
tenemos esa ventaja que no tienen los insectos.
Hacemos —contra toda lógica—
del amor el anclaje,
del sufrimiento el barco del naufragio.

¡Cuidado! En este poema la sintaxis
rebana el cuello de la morfología.

Callar
     es dejar la palabra en un andamio.

ROPA MOJADA

Había ropa mojada, no había llovido.
Había unos ojos mojados.
No,
no eran los míos,
tampoco los tuyos,
tal vez serían los nuestros.
Había sueños
colgados como si fueran ropa mojada,
al sol, entre el olvido,
¿recuerdas que me pediste la lengua
para tender la ropa?
Había un calendario
con días de piedra y fines de semana
de algodón y azúcar.
Había un plato sobre la mesa, frío ya,
olvidado como si fuera
ropa mojada,
hambre mojada,
tristeza mojada.
Un tren que llegaba al silencio,
un encuentro en la memoria,
deseo, el deseo insatisfecho
que deja las noches
sin cielo,
violento, de piel.
Había palabras en una caja de madera
esperando que se abra
el nudo en la garganta
para escapar,
mojadas, olvidadas,
como un sueño sin cumplir.

(...)

Había una vida
que sin saber cuándo,
había quedado tendida
como ropa mojada,
no había llovido.

CARLOS CRESPO

Índice